AF451796

REMARQUES

HISTORIQUES

ET

ANECDOTES

sur le Château de la

BASTILLE.

M DCC LXXIV.

PRÉFACE

DE

L'ÉDITEUR.

Depuis que la liberté des François a reçu le coup de la mort (*), le Despotisme, ce fléau du genre humain qu'il avilit, qu'il dégrade & qu'il déshonore, s'affermit en frappant sur tous les Ordres, & en rendant la terreur générale. On n'entend parler que d'éxils, de proscriptions, de prisons: entre celles-ci, la plus redoutable est, sans doute la Bastille. L'éspionnage & la délation que l'on exerce avec tant d'exactitude & si généralement, doivent faire craindre à tous les Citoyens d'aller habiter ce séjour d'horreur & de larmes.

M. de Saintfoy a dit qu'*il est plus sur de s'en taire, que d'en parler*. Je pense comme lui que c'est le plus sur pour l'Ecrivain ; mais ce n'est pas le plus avantageux pour la génération présente, ni pour la postérité. Ainsi je ne balance pas à sacrifier ce qui seroit le plus sur pour ma tranquillité, quand je considére qu'il est nécessaire d'avertir mes Concitoyens, de jetter les yeux sur les fers dont on les a chargés pendant 3. Regnes successifs.

Henry IV. fit les délices de ses Sujets. Sa mémoire sera à jamais l'objet de la vénération nationale. C'est sous son Successeur que la liberté commença à recevoir les premieres atteintes.

Richelieu qui regna sous le nom de Louis XIII. remplit les Châteaux & les prisons. Il avoit fait

___
(*) Années 1770, & 1771.

pratiquer jufques dans fa maifon un *Vade in pace* où il facrifioit fouvent des victimes à fa tyrannie.

L'Hiftoire préfente peu de Regnes où l'on ait exercé plus de violences & de cruautés que fous Louis XIV.. La flatterie lui donna le nom de GRAND ; mais la poftérité a rayé ce titre fi peu mérité. Elle ne voit dans ce Prince qu'un Defpote fans principes, maitrifé par fes paffions, vain, ambitieux, turbulent & fouvent cruel.

Sous le dernier Regne que la foibleffe, l'inconféquence, les contradictions caractérifent, les Miniftres ont érigé le Defpotifme en Loi : Les Lettres-de cachet, les vexations de tout genre ont été leurs moyens. Ils ont combattu avec opiniatreté les Loix du Royaume, & ont fini par difperfer & profcrire tous leurs Miniftres. Il eft donc vrai de dire que la Baftille, les Châteauxforts, les Exils ont été le grand mobile du Gouvernement du dernier Regne, comme des deux précédens.

Puifque la volonté arbitraire du Prince, ou plutôt de ceux qui regnent fous fon nom eft mife à la place des Loix, la Baftille doit être plus remplie que jamais. Il eft donc très important que l'on connoiffe ce Château, fon régime, fa police, les affauts que les Prifonniers ont à y fouffrir, les queftions, les furprifes, les piéges, les violences auxquelles ils font expofés. C'eft pourquoi je préfente au Public cet Ecrit important tel qu'il m'a été légué par fon Auteur mort depuis quelque tems. Quant au PLAN, il l'avoit levé lui-même fur les lieux.

Dieu veuille rendre fon travail inutile à mes Compatriottes, en infpirant au jeune Monarque l'horreur du Defpotifme, & l'amour des Loix qui font le garant de fa fureté, & de celle de la Nation.

REMARQUES

Historiques & Anecdotes sur le Château de la Bastille, & l'Inquisition de France.

LA Bastille dans son commencement étoit l'entrée de Paris du côté du Faux-Bourg Saint Antoine. Elle ne consistoit que dans deux Tours. Hugues Aubriot (a) Prévôt de Paris chargé de la conduite de la nouvelle enceinte, & des fortifi-

(a) Hugues Aubriot né à Dijon de parens obscurs fut Prévôt de Paris, & Ministre des Finances sous Charles V. Il fit bâtir le pont anciennement appellé le *Grand Pont*, aujourd'hui le *Pont au Change*. Les murs de la porte Saint Antóine le long de la Seine, le *Pont Saint Michel*, & le *Petit-Chatelet* sont des monumens de son application au bien public. Ce dernier édifice fut élevé pour contenir la licence des suppots, & des étudians de l'Université. Aubriot fut le premier inventeur des canaux souterreins pour l'écoulement des eaux. Le Clergé réuni aux membres de l'Université conjura sa perte. Ils l'accuserent d'impiété & d'hérésie. Les Partisans de la maison d'Orléans opposée à celle de Bourgogne à laquelle il étoit attaché, se déclarerent contre lui. Il fut dabord enfermé à la Bastille qu'il venoit de bâtir. On le

cations de cette Ville sous le Roi Charles V. en donna le deffein, & posa la premiere pierre de ce Chateau le 22 Avril 1369. Ces deux Tours servoient de déffense contre les attaques des Anglois. Dans la suite on éleva deux tours de retraite en face, & paralelles aux premieres. L'entrée de Paris fut ainsi prolongée entre 4 tours désunies, & un double pont. Les restes du premier pont subsistent encore. Cet édifice ne fut achevé entierement que sous le regne de Charles VI. vers 1383. Ce Roi y fit

transféra ensuite aux prisons de l'Evêché que l'on nommoit *l'Oubliette*. A force d'intrigues, ses ennemis parvinrent à le faire condamner à y finir ses jours. Au commencement du Regne de Charles VI. l'Année 1381, le Peuple se souleva contre les impots. Conduits par le nommé *Caboche* écorcheur, les féditieux forcérent les portes de l'Hôtel de Ville pour avoir des armes; ils y enlévérent 3 ou 4 mille Maillets de fer, ce qui leur fit donner le nom de *Maillotins*. Ils brisérent la prison où Aubriot languissoit depuis plusieurs mois, le choisirent pour leur Chef, & le forcérent d'accepter le commandement. Il profita de cette faveur du sort pour se retirer secretement. La nuit même il passa la Seine, & s'enfuit en Bourgogne, où il vécut ignoré de ses ennemis, & acheva tranquillement ses jours. *Chronologie Manuscrite de la Bibliothéque Royale, Chroniq. de Saint Denys, Antiquités de Paris, Histoire de Paris, Juvénal-des Ursins, le Laboureur.* Hugues Aubriot étoit de la même famille que Jean Aubriot (de Dijon) Evêque de Châlons depuis 1342. jusqu'en 1350.

ajoûter 4 nouvelles tours à diftances égales:
on pratiqua des appartemens entre les tours
dans l'épaiffeur des murs, on coupa les ponts;
un foffé fec de 25 pieds de profondeur au
deffous du niveau de la rüe entoura les 8
tours, & on forma une enceinte de l'autre
côté de ce foffé. La voye publique fut tra-
cée au dehors telle qu'elle exifte encore. Les
Boulevars & les foffés qui l'environnent aujourd'hui, ne furent conftruits qu'en 1634.

Le Chateau de la Baftille eft fitué à la rive
gauche de la Seine (en remontant le cours
de cette riviere), près l'Arfenal. Son entrée eft au bout de la rüe Saint Antoine,
à droite. Il y a un Corps de Garde avancé,
& une fentinelle jour & nuit. Près le Corps
de Garde font des Ponts-levis, avec une
grande porte, & un portillon qui conduifent
à la Cour de l'Hôtel du Gouvernement qui
eft un bâtiment moderne féparé du Château
par un foffé fur lequel font de feconds ponts-
levis qu'il faut paffer pour arriver à de nouvelles portes, près desquelles eft un Corps
de Garde. Enfuite eft une forte barriere à
claire-voye, formée de poutrelles revêtües
de fer, & fort élevée qui fépare le Corps de
Garde de la grande cour.

Avant d'y parvenir, il faut paffer deux
Ponts-levis, & 5. portes dont toutes ont
des fentinelles, & 3. des Corps de Garde.
Cette Cour forme un quarré long d'environ
120 pieds, & large de 80. Il y a une fon-
taine dans cette cour.

A 2

En entrant par la barriere à droite font des appartemens où logent les Officiers fubalternes, & quelquefois même des Prifonniers moins refferrés que les autres. Près ce batimēnt eft la *Tour de la Comté*, enfuite la *Tour du Tréfor*, ainfi nommée à caufe du dépôt d'argent que le Duc de Sully y avoit amaffé pour le grand projet d'Henry IV. Après cette tour, vers le milieu de la cour eft une arcade qui fervoit anciennement de porte à la Ville. On y a ménagé plufieurs logemens. Enfuite eft le corps de l'ancienne Chapelle où on a diftribué plufieurs chambres de Prifonniers. A l'encoignure de cette cour eft la *Tour de la Chapelle*. Ces deux tours du Tréfor & de la Chapelle font les plus anciennes.

Des murs de 10. pieds d'épaiffeur en pierres de taille, elevés à la hauteur des tours les réuniffent, & font contigus à plufieurs appartemens de Prifonniers pratiqués dans les entre-deux. Au fond de cette cour eft un grand corps de logis moderne qui la fépare d'une plus petite que l'on nomme *Cour du Puits*. Au milieu de ce batiment, eft un efcalier de pierres de 5. marches que l'on monte pour arriver à la porte principale. On trouve enfuite l'efcalier des appartemens d'enhaut, & une allée qui aboutit à la feconde cour. A droite eft le veftibule de la falle où les Miniftres, Lieutenant de Police, ou Commiffaires interrogent les Prifonniers. Cette piece eft appellée *Salle du Confeil*. Les

Prifonniers y reçoivent ordinairement les vifites des Etrangers. Il y a dans l'enfoncement une vafte piece qui fert de dépôt aux effets & papiers faifis aux Prifonniers.

Derriere la Salle du Confeil, font des logemens d'Officiers fubalternes, & de quelques Porte-Clefs.

A gauche, en entrant par le même efcalier font les cuifines, offices & laverie, qui ont de doubles iffues dans la cour du puits. Il y a 3 Etages au deffus, chacun de 3 pieces. Le premier & le fecond fervent pour les Prifonniers diftingués ou malades.

Le Lieutenant de Roi a fon appartement à droite, dans le haut de ce corps de logis au deffus de la Salle du Confeil; le Major Loge au fecond, & le Chirurgien au troifième.

De l'autre côté de la grande cour, près les cuifines & la *Tour de la Liberté*, font des appartemens de Prifonniers confiftans chacun en une grande chambre, & un cabinet ayant vüe fur Paris. Les cachots de cette tour s'étendent fous les cuifines. Après cette tour, font d'anciens appartemens où l'on a ménagé une petite Chapelle au rèz de chauffée. Il y a 5 niches ou cabinets fermés dans cette Chapelle ; trois font pratiqués dans les murs, les autres ne font qu'en boiferie. On y met chaque Prifonnier feul à feul, pour entendre la Meffe. Ils ne peuvent voir, ni être vûs. Les portes de ces niches font garnies en dehors d'une ferrure, & de deux verrouils ; elles font grillées en fer en dedans,

& ont des vitres du côté de la Chapelle, & par deffus, des rideaux que l'on tire au *Sanctus*, & que l'on referme à la derniere Oraifon. A 5. Prifonniers par Meffe, 10. feulement peuvent y affifter le même jour. S'il y en a un plus grand nombre au Chateau, ou ils ne vont point à la Meffe (c'eft affez la regle pour les Eccléfiaftiques, les Prifonniers à vie, & tous ceux qui ne demandent point à y aller), ou ils n'y vont qu'alternativement ; parcequ'il y en a prefque toujours quelques-uns qui ont la permiffion d'y aller habituellement.

A côté de la Chapelle, en descendant vers la barriére font la *Tour de la Bertaudiere*, & enfuite des appartemens pour l'Aide-Major, le Capitaine de porte, & quelques domeftiques, ou porte-clefs. Dans l'encoignure près la barriere eft la *Tour de la Baziniere*. Pour y parvenir, il faut paffer une petite cour ou veftibule qui communique au Corps de Garde par une porte double très forte. Tel eft l'ordre des 6. Tours & des batimens qui entourent la grande cour.

En fuivant l'allée du corps de logis qui fépare les deux cours, on parvient à la cour du Puits. En y entrant, on trouve à droite dans l'enfoncement la *Tour du Coin*. Entre celle-ci, & la tour du Puits, font d'anciens appartemens où logent les Cuifiniers, Marmitons, & Valets. Il y a auffi quelques chambres pour des Prifonniers, mais elles ne fervent que très rarement. La cour du Puits n'a que 25. pieds de longueur sur 50. de largeur. Il y a un grand puits pour l'usage des cuisines. Les Cuisiniers jettent les ordures, & élévent de la volaille dans cette petite cour, ce qui la rend toujours mal propre & infecte.

La façade du Chateau en dehors présente 4. tours vèrs Paris, & 4. vèrs le Faux-Bourg. Le dessus de ces tours forme une platte-forme continuée en terrasses solidement travaillées, & parfaitement entretenuës. Les Prisonniers qui en ont obtenu la permission s'y promenent, mais toujours accompagnés de Gardes. Il y a 13. Pieces de Canon sur cette platte-forme. Elles servent dans les jours solemnels ou de réjoüissances.

On voit sur le Plan que la *Tour du Puits* qui est du côté de la rüe des Tournelles est la premiere. En continuant le tour en dehors, on trouve entre la *Tour de la Baziniere* & celle de *la Comté*, l'entrée du Chateau, ensuite les autres tours en face du Faux-Bourg.

EXPLICATION *du Plan*.

A, Avenüe de *la Bastille* par la Rüe Saint Antoine.

B, Entrée, & premier Pont-levis.

C, Hôtel du Gouvernement.

D, Premiere cour.

E, Avenüe qui conduit à la seconde cour.

F Portes de la seconde cour, & Pont-levis.

G, Les différens Corps-de Garde.

H, Grande cour au dedans des Tours.

I , Escalier qui conduit à la *Salle du Conseil*.

K, Salle du Conseil (ce batiment sépare les 2. cours intérieures).

L, Petite cour.

M, Chemin du Jardin.

N, Escalier du Jardin.

O, Jardin.

P , Fossés.

Q, Issüe qui conduit au *Jardin de* L'Arsenal.

1. *Tour du Puits,*
2. *Tour de la Liberté,*
3. *Tour de la Bertaudiére,*
4. *Tour de la Bazinière,*
5. *Tour de la Comté,*
6. *Tour du Trésor,*
7. *Tour de la Chapelle,*
8. *Tour du Coin.*

Toutes les Tours sont fermées en bas par de fortes portes-doubles à gros verrouils rentrans dans des serrures énormes. Les Cachots du bas des tours sont remplis d'un limon qui exhale la plus mauvaise odeur. Ce sont des repaires de Crapauds, de Lézards, de Rats & d'Araignées (b). Il y a dans un coin

(b) C'est dans ces Cachots que le Tyran Louis XI. retenoit ceux qu'il vouloit faire périr par de longues miséres, comme les Princes d'Armagnac,

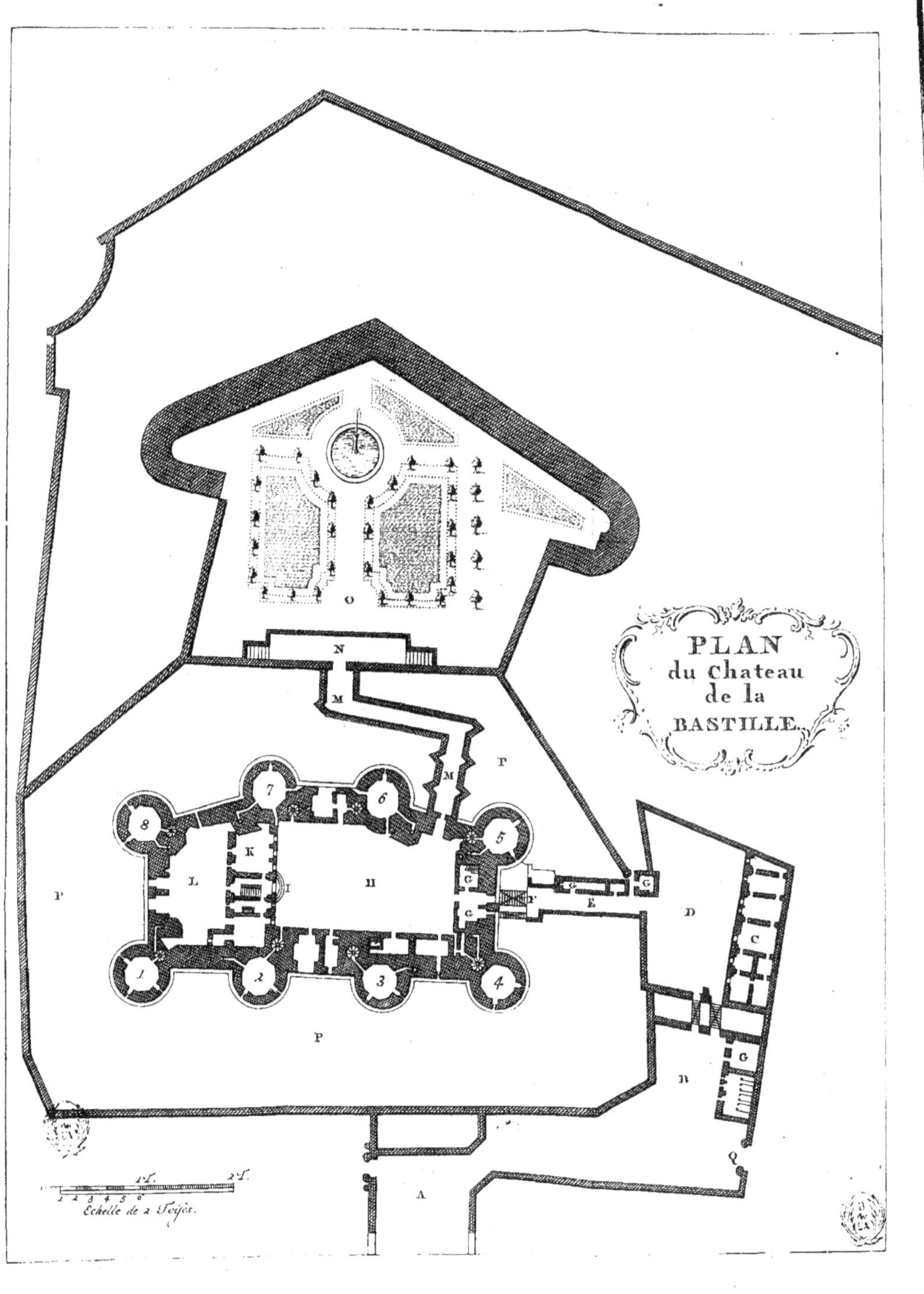
PLAN
du Chateau
de la
BASTILLE.
Echelle de 2 Toises.

un lit de Camp formé de barres de fer fcellé
dans le mur, & de quelques planches fixée
deffus. On y met les Prifonniers que l'on
veut effrayer, on leur donne quelques bottes
de paille pour garnir leur lit. Deux portes
de 7 pouces d'épaiffeur chacune, appliquées
l'une fur l'autre ferment ces antres obfcurs :
chacune a 2 gros verrouils & antant de ferrures.

Toutes les chambres hautes font fermées
avec les mêmes précautions. Il y en a 4 l'une
fur l'autre dans chaque tour, & une derniere en voute que l'on nomme la *Calotte*. Toutes les portes intérieures font couvertes de
lames de fer de 2 ou 3. lignes d'épaiffeur.

Il y a 5 ordres de chambres. Les plus
horribles après les cachots, font celles où il y

lesquels enterrés dans ces cachots, dans des trous
en maffonerie dont le fond étoit terminé en
pain de fucre, afin que les pieds n'y puffent trouver d'affiette, & que le corps n'y pût prendre
de repos, en etoient encore tirés deux fois la fe-
maine, pour être fuftigés fous les yeux de Philip-
pe l'Hüillier Gouverneur de la Baftille ; & de 3.
mois en 3 mois pour fe voir arracher une ou deux
dents. L'ainé de ces Princes y devint fou ; mais
le Cadet fût affez heureux pour en être delivré par
la mort de Louis XI. & c'eft de fa Requête de
l'an 1483, que l'on apprend la vérité de ces faits,
qui ne pourroient être crus, ni même imaginés,
fans une preuve fi conftante. *Hift. de l'Ancien Gou-*
vern. de la France par le Comte de Boulainvilliers,
Lettre 14. Tom. 3, pag. 226.

a des *Cages ou Cachots de fer* (*c*). Il y en a
3 de cette honnête efpéce. Ces cages font

(*c*) Le Comte de Boulainvilliers , page 224 du
Volume dejà cité, dit qu'on ne fauroit affirmer que
Louis XI. ait été l'Inventeur des Cages & Cachots
de fer qui fe voyent à la Baftille , & dans les Cha-
teaux de Blois, de Bourges, d'Angers, de Loches, de Tours, du Mont-Saint Michel. L'E-
vêque de Verdun fuivant Mezerai fut l'inventeur
de ces cages. Il en avoit fait conftruire une au
Chateau d'Angers où il fut le premier renfermé
pendant 10. à 12 ans. Boulainvilliers dit , page
225 , qu'il a vû de fes yeux au Chateau Dupleffis-
les-Tours le cachot de fer où le Cardinal de la
Ballue (emprifonné vers 1430) fut renfermé pendant 11. anneés entieres par les ordres de Louis
XI. Les murailles, les planchers, la porte, le
guichet pour recevoir la nourriture , & vuider les
immondices font de plaques de fer attachées fur
de groffes barres du même métal. Louis XI. en
fît conftruire 2 au Chateau de Loches. Ludo-
vic Sforce Duc de Milan ayant été pris le 10. A-
vril 1500. dans une Bataille contre Louis XII ,
fut conduit en France, & enfermé dans une des
cages de fer du Chateau de Loches où il finit fes
jours. *Obfervations Hift. & Crit.* relativement à
l'Hift. de Charles VIII. dans le Recueil des Mémoires de l'Acad. des Infcript. pag. 238. in 4°.

Louis XII. lui-même etant encore Duc d'Orléans, fut fait prifonnier en 1488 à la Bataille de
Saint Aubin-du Cormier en Bretagne. Après a-
voir été promené de prifons en prifons , il fut renfermé pendant 3. ans entiers dans le Chateau de
Bourges & on le forçoit de coucher dans la cage
de fer.

formées de poutrelles revêtües de fortes feuilles de fer. Elles ont 6 pieds de large sur 8.
de long.

Le second ordre de chambres rigoureu-
ses est les *Calottes*. Ces chambres les plus
élevées des tours sont formées de 8. ar-
cades en pierres de taille. On ne peut
se promener qu'au milieu. Il y a à peine
l'éspace d'un lit d'une arcade à l'autre.
La distance du bord intérieur de la fenêtre
est de toute l'épaisseur du mur, qui est de
10. pieds environ. Il y a des grilles de fer
à la hauteur des fenêtres en dedans de ces
chambres, & des contre-grilles extérieures.
Les Calottes sont peu éclairées. En Eté la
chaleur y est excessive, en Hiver le froid in-
suportable. Il n'y a que des poëles dans les
calottes (*d*).

(*d*) Le Comte de Boulainvilliers dit encore
(Lettre XIV) que la Bastille étoit déstinée aux
Prisonniers que l'on vouloit exterminer, ou par la
forme apparente de la Justice, ou par le supplice
des *Oubliettes* fort usité par *Tristan-l'hermite* Prévôt de l'Hôtel & Compere de Louis XI. Cet
homme d'éxécrable mémoire étoit lui seul le Juge,
le témoin & l'éxécuteur. Il faisoit passer les victimes que Louis XI. lui livroit sur une bascule d'où
ils tomboient sur des roües armées de pointes &
de tranchans; d'autres étoient noyés une pierre au
cou, ou étouffés dans des cachots. Ce Tyran fit
périr ainsi plus de quatre mille personnes (*Mé-
zerai*, Abregé Chronol. T. 4; & *Commines*, Liv
6, Ch. 12.) Pendant le séjour que j'ai fait â la

Presque toutes les chambres des Tours font octogones, hautes de 14 à 15. pieds, & de 20. de diametre, les cheminées font fort élevées. Dans la plupart il y a 3. marches pour monter aux croifées. Toutes les fenêtres font grillées & contre-grillées en fer. Plufieurs ont une troifieme grille au milieu de lépaiffeur des murs. Les barres de ces grilles font de la groffeur du bras. Les chambres baffes n'ont de jour que fur les foffés. Les jours de celles qui font plus élevées, font obfcurs & lointains à caufe de l'éloignement du bord extérieur des fenêtres. Enfin les chambres les moins défagréables, ont des vûes fur la campagne, fur Paris, fur les Boulevars. Quoique les fenêtres de ces chambres foient grillées, & contre-grillées, cependant elles font affez éclairées, leurs ouvertures s'élargiffant dans leur intérieur.

Dans bien des cas, les grilles extérieures des fenêtres font masquées avec de la toile, ou bien on y établit des hottes en planches,

Baftille, je n'ai pu parvenir à voir la *Chambre des Oubliettes*; mais j'ai vû au Chateau de Ruel qui fut la maifon de plaifance du Cardinal de Richelieu, & qui appartient aujourd'hui à M. le Duc D'Aiguillon, un Cabinet qui conferve encore le nom de *Cabinet-des Oubliettes*. Ce Miniftre cruel y faifoit paffer les perfonnes qu'il vouloit perdre. Apeine y avoient-elles pofé le pied, qu'une bafcule faifoit entrouvrir le plancher fous leurs pas; & elles tomboient dans la profondeur d'un abîme.

de maniere que le jour s'y plonge, & toute
vûe est interdite au Prisonnier.

La plupart des chambres ont des cheminées, les autres des poëles ; il n'y en a point
dans les cachots. Toutes les cheminées sont
grillées en haut, barrées de fer en bas, &
à plusieurs endroits dans leur longueur. Pour
empêcher les communications, on a multi-
plié les précautions. Anciennement les Prisonniers conversoient par les cheminées, ou
y montoient dans l'espérance de pouvoir s'é-
chaper. Chaque tour a des latrines : elles
sont grillées aux différens étages. Quelques
appartemens en ont d'intérieures, les autres
ont les supplémens ordinaires.

Toutes ces chambres sont mal closes, très
froides, & très humides en hiver. Elles ont
toutes leurs *numeros*. Elles portent le nom
du dégré de leur élévation, comme leurs portes se présentent à droite & à gauche en
montant. Ainsi la *premiere Baziniere* est la
premiere chambre de la tour de ce nom, au
dessus du cachot, puis la *seconde Baziniere*,
la *troisiéme*, la *quatriéme*, & la *Calotte Baziniere*. De même tous les Prisonniers sont ap-
pellés du nom de leur tour joint au *numero*
de leur chambre ; par cette raison, le *nom
de Bastille* de tel Prisonnier est la *seconde Baziniere*, la *premiere Bertaudiere*, la *quatriéme
Comté*, la *troisiéme du Trésor*, &c.

Les chambres ordinaires présentent 4 murailles nües, mais sur lesquelles on lit les
noms des Prisonniers qui y ont été renfer-

més, des vers, des devises, des sentences
&c. Un lit de serge verte avec rideaux,
paillasse, & 3. matelats, 2 tables, 2 cruches
d'eau, une fourchette de fer, une cuillere
d'étain, & un gobelet de même métal, un
chandelier de cuivre, des mouchettes de fer,
un pot de chambre, 2 ou 3 chaises, quelquefois un vieux fauteuil forment tout l'a-
meublement. Quelques chambres ont des
chenets. On n'obtient que très-rarement des
pelles & des pincettes. On fournit à chaque
Prisonnier une provision d'allumettes, un bri-
quet, des pierres à feu, de l'amadou, une
chandelle chaque jour, un ballai chaque semaine, des draps de lit tous les 15 jours,
& 4 serviettes par semaine. On prend tous
les 8 jours le linge des Prisonniers pour le
blanchir.

Trois portes l'une sur l'autre sont fermées
sur chaque Prisonnier : le bruit des verrouils,
des serrures & des clefs est effrayant. Un
porte-clefs est chargé de porter aux Prisonniers leurs repas, & va prendre leurs restes
qui sont à son profit.

La nouriture des Prisonniers est reglée par un
tarif suivant leur qualité. Il y a des classes de
50 Livres par jour (les Princes) de 30 L.
de 20 L. de 10 L. de 5 L. & de 3 L. Les
moindres sont de 2 L. 10 sous ; c'est le tau
des valets ou gardes. Dans ces prix sont com-
pris le blanchissage, & la chandelle ; le bois
à bruler est un article à part.

La cuisine est servie par un Chef qui est

l'économe du Gouverneur. Il a fous lui, un rotiffeur, un marmiton, un fcieur de bois. Tous les plats font mesquins, & mal préparés; c'eft la mine d'or du Gouverneur qui augmente fes revenans-bons en raifon de la mauvaife chere qu'il fait faire aux Prifonniers. Outre ces profits immenfes, le Gouverneur a par jour 150 L. pour 15 places de Prifonniers fuppofés à 10 L. chaquun, fans préjudice du prix journalier par têtes de Prifonniers exiftans. Ces 150 L. font un fupplément de finance ou indemnité. Et on y ajoute encore très fouvent des gratifications confidérables.

En gras on a chaque jour une foupe, un bouilli, une entrée; en maigre, une foupe, un plat de poiffon, & deux entrées. Le foir en gras une tranche de rôti, un ragoût, une falade; en maigre un plat d'œufs, un de légumes. Les variantes des cottes de 5 L. à 10 L. font bien peu confidérables. Elles confiftent dans un demi poulet étique, un pigeon, un lapereau qui fent les choux, ou quelques oifeaux, & du déffert, dont chaque portion ne coûte pas 2 fous.

Le Dimanche à dîner une foupe mauvaife, une tranche de vache bouillie que l'on appelle bœuf, & 4 petits pâtés, le foir une tranche de rôti, géniffe, veau, ou mouton, un petit plat d'haricot où les os & les navets abondent, une falade. L'huile que l'on préfente fait foulever le cœur: elle ne feroit bonne que pour les reverbéres. Les foupés en gras font uniformes. Le Lundi, aulieudes 4 pâtés, c'est du haricot. Le Mardi à midi une saucisse, ou un demi pied de cochon, ou une légere cotelette de porc frais. Le Mercredi une petite tourte, cuite à demi, ou brulée. Le Jeudi deux minces cotelettes de mouton. Le Vendredi à diner, un demi carpeau frit, ou à l'étuvée, de la raye puante, de la morüe au beure & à la moutarde, ou quelque friture défféchée avec quelques légumes ou un plat d'œufs. A souper un plat d'œufs au beure roux ou à la tripe, & des épinars à l'eau, & au lait. Le Samedi est la répétition ; & le cercle invariable recommence le Dimanche.

Les 3 jours de Saint Louis, de Saint Martin & des Rois, tous les Prifonniers ont une augmentation de portion qui confiste dans une moitié de poulet rôti ou un pigeon. Le Lundi gras on leur donne une petite tourte.

Chaque Prifonnier a une livre de pain, & une bouteille de vin par jour. Ce vin est plat & fort mauvais. Le deffert est une pomme, un bifcuit, quelques amandes & raifins fecs, femés légerement fur le fond d'une asfiete, quelques cerifes, grofeilles ou prunes dans la faifon. On est fervi en étain ordinairement. Quelquefois on obtient d'être fervi en fayance, & avec des cuillere & fourchette d'argent. Si on fe plaint de la mauvaife nourriture, cela change pour quelques jours, mais le plaignant éffüye d'ailleurs des défagrémens. Il n'y a point de gargotte à 12 f. par repas où l'on ne foit mieux traité qu'à la Bastille. En général cette cuisine est très mauvaise, la soupe sans aucun suc, les viandes sont de la moindre qualité, & mal aprêtées. Tout ceci contribue fort à ruiner la santé des Prisonniers, cela crie vengeance devant Dieu, & devant les Hommes.

Les Officiers de l'Etat-Major n'ont aucune inspection sur la cuisine, cela regarde le Gouverneur seul. Quelques Prisonniers ont obtenu de la Police la permission de se faire servir par un traiteur du dehors, mais cela coute trois fois plus que dans la Ville.

Les Prisonniers ordinaires ont par jour en hiver 5 morceaux de long bois à bruler. Ceux qui sont recommandés en ont à discretion. Plusieurs ont des gardes. La solde de ces gens est de 20 sous par jour, on les nourrit en outre.

Il n'y a que 4 Porte-clefs pour les 8 Tours. Leur nom de Porte-clefs, vient de ce que pour une seule chambre il y a 5 grosses clefs. Le trousseau des clefs de tous les appartemens de châque tour est monstrueux.

Lors du service des repas, une sentinelle armée est au pied de chaque tour. Pendant les Messes une sentinelle est à la porte de la Chapelle. Elle n'y est posée qu'après l'entrée des Prisonniers, & est levée avant leur sortie.

L'Etat-Major consiste en un Gouverneur dont la place vaut, outre ses apointemens de la Cour, plus de quarante mille livres dont il fait son profit sur les vivres des Prisonniers; un Lieutenant de Roi dont le brevet est de soixante mille Livres, & qui en retire cinq mille Livres par an , un Major à 4000 L. d'apointemens, un Aide-Major à 1500 L. un Chirurgien à 1200 L. Celui-ci fait de grands profits sûr les remedes dont le Roi fait les frais. Le Médecin est externe, il a son appartement au Chateau des Thuilleries.

Il n'y a pas plus de 30 ans que les chofes sont sur ce pied. Anciennement le Gouverneur & le Lieutenant de Roi étoient les seuls à la nomination du Roi. Les autres Officiers etoient nommés par le Gouverneur qui pouvoit les destituer à sa volonté. Ils avoient sous eux des Archers de Compagnies Franches, des bourgeois soldés par le Gouverneur pour la garde du Chateau. M. d'Argenfon leur fit substituer un Etat-Major, avec une Compagnie d'Invalides de cent hommes qui ont deux Capitaines, & un Lieutenant. Le simple Soldat est habillé, entretenu de linges, de souliers, de sel, de chandelle, de bois, & a 10 s. par jour. Le service est rude. Les Soldats ne peuvent découcher sans permission du Gouverneur. Plusieurs l'obtiennent : les autres font le service des absens qui leur abandonnent la moitié de leur paye.

Aucun des Officiers ne peut diner dehors sans permission, & découcher sans un congé signé du Ministre.

Pendant le jour, outre les 5 sentinelles des portes, il y en a une à la porte extérieure du Chateau, pour écarter les curieux qui s'arrêteroient seulement à considérer cette entrée.

Le Major est chargé de la plume, il a la correspondance & tout le détail. Il dresse tous les mois des comptes. Il en remet des doubles au Ministre dans le département duquel est la Ville de Paris, au Contrôleur-Général des Finances, & au Lieutenant-Général de Police. Ces comptes présentent le tableau du nombre, des noms de tous les Prisonniers, & le calcul des dépenses. Cet Officier reçoit l'argent du Controleur-Général, & fait les payemens. La dépense générale monte année commune à plus de cent mille livres.

Le Chateau est entouré d'un fossé large dénviron 120 pieds. Il n'y a d'eau dedans, que lors des grands débordemens de la Seine, & après les pluyes abondantes. Ce fossé est entouré d'un mur de 60 pieds d'élévation, contre lequel est attachée une gallerie de bois à rampe, laquelle regne dans tout le contour du fossé à l'opposite du Chateau. On l'appelle *les Rondes*. Deux escaliers placés à droite, & à gauche, en face du grand Corps de Garde conduisent à ces rondes. Des sentinelles y sont placées le jour, & la nuit. Elles se promenent sans cesse, & examinent si les Prisonniers font quelque tentative. Pendant la nuit, les Sentinelles sont posées sur ces rondes, au nombre de 4 à la fois. Les Officiers & Sergens font leur ronde tous les quarts d'heure, & s'assurent par les *qui vive*, si toutes les Sentinelles veillent. Chacune a son instant de ronde marqué. Toutes ont des pieces de cuivre numérotées, & trouées, qu'elles passent dans une aiguille dont la ba-

ze eſt adhérente au fond d'une boête cade-
nacée, telle que l'on en a dans les Villes de
Guerre.   Cette boête eſt portée tous les ma-
tins à l'Etat-Major: Les Officiers en font
l'ouverture, vérifient l'ordre des pieces en-
filées, & jugent de l'éxactitude, ou du dé-
faut des rondes.   On rend en même tems
compte au Lieutenant de Roi, & au Major
de tout ce qui a été vû, entendu, apperçu
pendant la nuit.   Tout ce qui ſe paſſe en
dedans, ou en dehors eſt rapporté, & écrit
exactement.

Le jour & la nuit, la Sentinelle intérieure du Chateau ſonne une cloche à toutes les
heures, pour avertir qu'elle veille.   Outre
cette cloche, la nuit, on en ſonne une autre ſur les rondes à tous les quarts-d'heure.
La Garde monte à 11 heures du matin.   La
retraite de la Garniſon ſonne à 9 heures du
ſoir en Hiver, à 10 en Eté.   Les ponts ſe
lévent entre 10 & 11 heures du ſoir.   Tout
s'ouvre à quelque heure que ce ſoit, quand
il y a des ordres du Roi.

Le Chapelain principal de la Bastille eſt
apointé à 1200 L. Il dit la Meſſe toujours à
9 heures du matin,   Il y a 2 Soû-chapelains
qui n'ont que 400 L. par an. Ils ne diſent la
Meſſe que les Dimanches & Fêtes, l'un à
10 heures, l'autre entre midi, & une heure.
Cette derniere Meſſe eſt proprement la Mes-
ſe du Gouverneur. Les Priſonniers n'y vont
point, à moins qu'ils ne ſoint privilégiés.
Outre ces Chapelain & Soû-chapelains, il y

a un Confeſſeur en titre qui a 900 L. par an.
Les vieux domeſtiques retirés ont des penſions.

Ce Chateau peut contenir 40 Priſonniers dans des appartemens féparés. Quand ils ſont en grand nombre; ils ont néceſſairement moins de promenades. Il y a préſentement 4 Priſonniers à vie. Ils ſont devenus plus ou moins fous. L'un d'eux y eſt depuis l'affaire de *Damien* (1757).

Au dehors du Chateau, du côté du Faux-Bourg Saint Antoine, il y a un grand baſtion dégagé du corps du Chateau. C'étoit anciennement un des boulevars de la primitive entrée de Paris. On y a planté des arbres, & fait un jardin. La porte du chemin qui y conduit, eſt entre la *tour du Tréſor*, & celle de *la Comté*.

A la gauche de la Baſtille eſt la porte Saint Antoine. Cette porte eſt flanquée d'un baſtion parallelle à celui qui ſert de jardin au Chateau.

Le Lieutenant-Général de Police de Paris, eſt le ſubdélégué du Miniſtére au département de la Baſtille. Il a ſous lui un Commiſſaire en titre que l'on nomme le Commiſſaire de la Baſtille. Celui-ci a des gages fixes pour faire ce que l'on appelle *les inſtructions*, mais il ne les fait point excluſivement : il n'a aucune inſpection, ni fonction, que dans les cas où il reçoit des Ordres, la raiſon en eſt que tout ce qui ſe fait dans ce Chateau eſt arbitraire.

En arrivant à la Baſtille, chaque Priſonnier eſt inventorié. On examine ſes malles, habits, linges, poches, pour voir s'il n'y a pas de papiers relatifs à l'objet de ſa détention. On ne fouille pas ordinairement les perſonnes d'un certain rang, mais on leur demande leurs couteaux, raſoirs, cizeaux, montres, cannes, bijoux & argent. Après cet examen on conduit le Priſonnier dans un appartement où il eſt renfermé ſous 3 portes. Ceux qui n'ont point de domeſtique, font eux-même leur lit & leur feu. On dine à 11 heures, on ſoupe à 6.

Dans les premiers tems, on n'a ni livres, ni encre, ni papier: on ne va ni à la Meſſe, ni à la promenade: on n'a permiſſion d'écrire à qui que ce ſoit, pas même au Lieutenant de Police dont tout dépend, & à qui il faut la faire demander par le Major qui s'y prête ordinairement. On ne va d'abord à la Meſſe que de deux Dimanches l'un. Quand on a pu obtenir la permiſſion d'écrire au Lieutenant de Police, on peut lui demander celle d'écrire à ſa Famille, d'en recevoir des réponſes, d'avoir avec ſoi ſon domeſtique, ou un garde, &c. Il refuſe ou accorde ſuivant les circonſtances. On ne peut rien obtenir que par ce canal.

Les Officiers de l'Etat-Major ſe chargent de faire parvenir les lettres des Priſonniers à la Police. Elles y ſont envoyées exactement à midi & le ſoir. A quelque heure que ce ſoit, ſi on le demande, ces lettres ſont portées par des exprès que l'on paye de l'argent des détenus. Les réponses font toujours adreffées au Major, il les communique au Prifonnier. Si on a omis de lui parler de quelque objet de la lettre du Prifonnier, c'eft un refus. Les gardes que l'on donne à ceux aux quels on refufe leurs domeftiques, ou qui n'en ont point, font des Soldats Invalides ordinairement. Ces gens couchent auprès des Prifonniers, & les fervent. Il faut toujours être en défiance avec ces hommes, ainfi qu'avec les Porte-clefs, parceque toutes les paroles font recueillies, & rendues aux Officiers qui les reportent à la Police : c'eft ainfi que l'on étudie le caractére des Prifonniers. Tout eft dans ce Chateau, myftere, rufe, artifice, piege, espionnage. Souvent des Officiers, des Gardes, des Porte-clefs, des Valets tachent d'induire un Prifonnier à parler mal du Gouvernement, & rendent compte de tout.

On obtient quelquefois d'avoir des livres, fa montre, fon couteau, fes rafoirs, & même de l'encre, & du papier blanc. On peut demander à voir le Lieutenant de Police quand il vient à la Baftille. Ordinairement il fait defcendre les Prifonniers quelques jours, après leur arrivée. Quelquesfois il va les vifiter dans leurs chambres, furtout les Dames.

Lorfque le Lieutenant de Police voit un Prifonnier, la converfation roule fur l'objet de fa détention. Il lui demande quelquefois des déclarations écrites & fignées. En général on doit mettre autant de circonfpection dans ces converfations que dans fon interrogatoire même, puifque rien de tout ce qui peut être dit ou écrit n'eft oublié.

Quand on veut faire parvenir quelque chofe au Lieutenant de Police, c'eft toujours par le Major. On peut écrire à cet Officier des billets par le Porte - clefs. On n'eft jamais prévenu fur rien, il faut tout demander, même la permiffion de fe faire rafer. C'eft le Chirurgien qui fait les barbes. Il fournit aux Prifonniers malades ou indifpofés fucre, caffé, thé, chocolat, confitures & les remedes néceffaires.

La promenade eft d'une heure par jour, quelquefois d'une heure le matin, & d'une heure le foir dans la grande cour.

Un Prifonnier peut être interrogé peu de jours après fon entrée à la Baftille, fouvent il ne l'eft qu'au bout de plufieurs femaines. Quelquefois on l'avertit du jour où il doit être interrogé, fouvent il ne l'apprend qu'au moment où on le fait descendre à la Salle du Confeil. C'eft le Lieutenant de Police, un Confeiller d'Etat, un Maitre des Requêtes, un Confeiller ou un Commiffaire du Châtelet qui remplit cette Commiffion. Quand le Lieutenant de Police n'interroge pas lui - même, il vient ordinairement à la fin de l'Interrogatoire.

Ces

Ces Commissaires sont des êtres purement passifs. Souvent ils tâchent d'effrayer un Prisonnier ; ils lui tendent des piéges, employent toutes les ressources des ruses les plus basses pour lui arracher des aveux. Ils supposent des preuves, représentent des papiers, sans permettre de les lire, soutenant que ce sont des pieces de conviction invincibles. Leurs interrogats sont toujours vagues. Ils roulent non seulement sur les paroles & les actions du Prisonnier, mais sur ses pensées les plus secrettes, sur ses paroles, & la conduite des personnes de sa connoissance que l'on veut compromettre.

Ceux qui interrogent, disent à un Prisonnier qu'il y va de sa tête, que de lui dépend en ce jour sa vie, ou sa mort ; que s'il veut tout déclarer de bonne foi, ils sont autorisés à lui promettre un élargissement prompt, que s'il refuse d'avoüer, il va être livré à une Commission extraordinaire ; que l'on a des pieces décisives, des preuves acquises, plus qu'il n'en faut pour le perdre ; que ses complices ont tout découvert ; que le Gouvernement a des ressources inconnües, dont il ne peut se douter. Ils fatiguent les Prisonniers par des Interrogatoires variés & multipliés à l'infini. Suivant les personnes, ils employent les promesses, les caresses, les menaces ; d'autresfois ils insultent les détenus, & les outragent avec une insolence qui met le comble à la tyrannie dont ils sont les vils instrumens.

B

Si le Prifonnier fait les aveus exigés, les Commiffaires lui déclarent alors, que pour fon élargiffement, ils n'ont pas d'autorifation précife, mais qu'ils ont tout lieu de l'efpérer, qu'ils vont la folliciter, &c. .... Les aveux du Prifonnier, loin de rendre fon fort meilleur, donnent lieu à de nouveaux interrogatoires, prolongent fouvent fa détention, compromettent les perfonnes avec lesquelles il a eu des relations, & l'expofent lui-même à de nouveaux tourmens.

Dans certains cas, ce font des Commiffaires du Parlement qui font les *Inftructions*. Ceux-ci tiennent leurs féances à l'Hôtel du Gouvernement ou à l'Arfenal. Ils n'entrent jamais dans l'intérieur de la Baftille. La différence que le Miniftere met entre eux & les membres du Confeil, ou du Châtelet, eft que ceux-ci font *Royaliftes*, & les autres *marlementaires*. Or on n'admet que les premiers dans cette enceinte, on ne veut pas que les autres y mettent le pied.

Les Prifonniers ne reçoivent jamais aucune vifite du dehors avant l'inftruction confommée. Pour obtenir cette faveur après les interrogatoires, il faut la demander avec inftance & perfévérance, & que des amis puiffans la follicitent au dehors. On peut demander une prolongation de promenade, à fe promener fur les Tours, au Jardin, à lire les Gazettes & Journaux, à être réuni aux perfonnes de fa connoiffance, s'il y en a, à

manger, & à se promener ensemble. Pour
tout cecy, il faut écrire au Lieutenant de
Police & au Gouverneur. Plusieurs personnes détenues pour l'Affaire du Canada
eurent la liberté de se voir. Lors des promenades au Jardin ou sur les tours les Prisonniers sont toujours accompagnés de bas
Officiers Invalides. Les Officiers même de
l'Etat-Major accompagnent souvent ceux qui
sont d'un certain état. En Hiver, ils les
font entrer dans la Salle où ils se tiennent ordinairement, quelquefois il les visitent dans
leurs chambres. Le Gouverneur visite aus-
si les Prisonniers, surtout lorsqu'ils lui sont
recommandés. Les conversations avec tous
ces Officiers, doivent toujours être très cir-
conspectes, parceque tout est observé & dé-
noncé.

On prend de grandes précautions pour que
les Prisonniers ne s'apperçoivent ni se ren-
contrent, & qu'ils ne soient point vûs par les
Etrangers qui sont admis à en visiter quel-
qu'un. Si pendant la promenade dans la cour
quelque personne vient à passer, on fait entrer le Prisonnier dans un des cabinets pratiqués au rèz de chaussée de la Cour, & on
ne l'en fait sortir qu'après que les passans
sont retirés. Les Prisonniers sont toujours
sous les verrouils pendant tout le tems qu'ils
passent dans leurs chambres. Les portes
s'ouvrent seulement aux heures de la Messe,
des promenades, ou des visites, & on les re-

ferme auſſitôt après.

Pour viſiter un Priſonnier, il faut avoir une permiſſion écrite du Lieutenant de Police. Elle eſt ordinairement dans une lettre addreſſante au Lieutenant de Roi, ou au Major. Le nombre & la durée des viſites y eſt toujours fixé. Ces viſites ſont toujours reçues en préſence des Officiers ou Porte-clefs, afin que les Priſonniers ne diſent & n'apprennent rien d'intéreſſant. Le viſitant eſt d'un côté de la chambre, le viſité de l'autre, & l'Officier ou Porte-clefs écoutant eſt au milieu. C'eſt-là la regle invariable. Il n'eſt jamais permis de parler des motifs de la détention du Priſonnier, ni de tout ce qui pourroit y avoir quelque rapport.

Pour qu'un Priſonnier recût des viſites, ſans témoins, il faudroit une permiſſion du Miniſtre, & du Lieutenant de Police, ce que l'on n'obtient preſque jamais. Les Officiers de l'Etat-Major ſont entierement ſubordonnés; ils ne peuvent rien accorder aux Priſonniers, ſans une autoriſation expreſſe du Miniſtre par le Lieutenant de Police. Tous les jours le Major rend compte par écrit au Lieutenant de Police de l'Etat des Priſonniers, des viſites qu'ils ont reçu, de tout ce qui a été dit, entendu, ou fait d'important au Château.

Quoique tout ſoit reglé, tout eſt cependant ſujet aux exceptions du crédit, des recommandations, de la protection, de l'in-

trigue, &c. &c. &c. parceque le premier
principe dans ce Château est la volonté arbitraire. Très souvent des personnes détenues pour le même objet sont traitées très
differemment en raison des recommandations
plus ou moins considérables.

Il y a une Bibliothéque fondée par un
Prisonnier étranger mort à la Bastille au commencement du Siecle présent. Quelques Prisonniers obtiennent la permission d'y aller,
d'autres, qu'on leur porte des livres dans leurs
chambres.

On leur débite les choses les plus faus-
ses en affectant un air de vérité & d'in-
terêt. „ Il est bien malheureux que le
,, Roi ait été prévenu contre vous. S. M.
,, ne peut entendre prononcer votre nom, sans
,, entrer en courroux. L'affaire pour laquel-
,, le on vous a ravi vôtre liberté, n'a été
,, qu'un prétexte, on vous en vouloit anté-
,, rieurement, vous avez de puissans enne-
,, mis . . . . . ." tels sont les propos d'étiquette.

Inutilement un Prisonnier demande-t'il à
écrire au Roi, il ne l'obtient jamais.

Le tourment perpétuel & le plus insup-
portable de cette Inquisition cruelle & odieu-
se, sont les promesses vagues, indéfinies, faus-
ses ou équivoques, les espérances intarissables & perséveramment trompées d'une liberté prochaine, les exhortations à la patien-
ce, les conjectures à perte de vûe, dont le
Lieutenant de Police & les Officiers sont très
prodigues. B 3

Pour couvrir l'odieux des barbaries qui s'exercent, & rallentir le zèle des parents, ou des protecteurs qui sollicitent, on débite souvent contre le Prisonnier les calomnies les plus absurdes, les plus contradictoires. On déguise les vrais motifs de la détention, on cache les obstacles réels. Ces ressources qui varient à l'infini sont intarissables.

Il y a une grande piéce remplie d'armoires très vastes, distribuées par cases, étiquet-tées des *numéros* de tous les appartemens du Château. Les effets de chaque Prisonnier sont déposés dans la case correspondante au *numéro* de sa chambre.

Lors de l'arrivée de chaque Prisonnier, on inscrit sur un Livre ses nom & qualité, le *numéro* de l'appartement qu'il va occuper, & la liste de ses effets déposés dans la case du même *numéro*. On présente ensuite ce livre au Prisonnier pour qu'il le signe.

Le Livre de sortie contient un protocole de serment & protestation de soumission, de respect, de fidelité, d'amour, de *reconnoissan-ce* pour le Roi, d'assurance que les faits qui ont compromis le Prisonnier ont été l'effet de l'erreur seule de l'esprit, d'action de graces de ce que S. M. ne l'a pas livré à des *Com-missaires extraordinaires*, de promesse de ne rien réveler de tout ce qu'il a vû & enten-du pendant le séjour qu'il a fait dans la Ba-stille. Ce protocole que tout Prisonnier est obligé de signer avant sa sortie contient en-

core le reçu des bijoux, argent, & autres
effets.

Un troisième Livre en feuilles contient les
noms de tous les Prisonniers, & le tarif de
leur dépense. Le relevé de ce livre passe
tous les mois sous les yeux du Ministre.

Le Regiſtre du détail de la dépense jour-
nalière n'eſt que pour le Gouverneur, & le
Chef de cuisine son œconome: le Major n'y
a aucune inspection.

Enfin le quatrième Livre eſt un in-folio
immense, ou plutôt une suite de cahiers qui
augmente journellement. Ces cahiers ſont
contenus dans un très grand carton ou porte-
feuilles en maroquin fermant à clef, lequel
eſt encore renfermé dans un double carton.
Ces feuilles diſtribuées en colonnes, portent
des titres imprimés à chacune.

Ie. Colonne, *Noms & qualités des Pri-*
ſonniers.

IIe. Col. *Dates des jours d'arrivée des*
Prisonniers au Château.

IIIe. Col. *Noms des Sécrétaires d'Etat qui*
ont expédié les ordres.

IVe. Col. *Dates de la sortie des Priſon-*
niers.

Ve. Col. *Noms des Sécrétaires d'Etat qui*
ont signé les ordres d'élargiſſement.

VIe. Col. *Causes de la détention des Pri-*
ſonniers.

VIIe. Col. *Observations & Remarques.*

Le Major remplit la sixième Colonne suivant les indications qu'il peut avoir, & le Lieutenant de Police lui donne des instructions quand il veut, & comme il veut. La septième colonne contient l'Historique des faits, gestes, caractères, vie, mœurs & fin des Prisonniers.

Ces deux colonnes font des especes de mémoires secrets, dont l'essence, & la vérité dépendent du jugement droit, ou faux, de la volonté bonne, ou mauvaise du Major & du Commissaire du Roi. Plusieurs Prisonniers n'ont aucune note sur ces deux dernieres colonnes.

Ce livre est de l'invention du Sieur *Chevalier* Major actuel, qui a été chargé d'écrire l'Histoire secrette de ce Château depuis son origine. Il a remonté jusqu'aux découvertes qu'il a pu faire dans le dépôt des Archives. Quand une feuille est remplie, elle entre dans ce dépôt, où tout est conservé pour la Postérité. Il y a un Archiviste apointé.

On réunit encore en regiftre tous les Ordres à jamais donnés & adressés au Gouverneur de la Bastille, toutes les Lettres des Ministres & de la Police ; tout est recueilli soigneusement, & se retrouve au besoin.

Aussitôt que quelque Prisonnier est conduit à la Bastille, le Ministre qui a signé l'ordre & le Commissaire du Roi sont informés par le Major de son arrivée. Dans plusieurs cas cet Officier est prévenu de l'arrivée

rivée des Prifonniers. Souvent une lettre particuliere du Commiffrire du Roi délivre un Prifonnier par anticipation, & il remet enfuite l'ordre du Roi au Major qui lui rend exactement fa lettre.

Quand un Prifonnier connu & protégé a abfolument perdu la fanté, & que l'on craint pour fes jours, on ne manque pas de le faire fortir. Le Miniftére n'aime pas que les gens connus meurent à la Baftille. (*) Si un Prifonnier meurt, on le fait inhumer à la Paroiffe de Saint Paul, fous le nom d'un domeftique, & ce menfonge eft écrit fur le regiftre mortuaire, pour tromper la Poftérité. Il y a un autre regiftre où le nom véritable des morts eft infcrit ; mais ce n'eft qu'après bien des difficultés que l'on parvient à s'en faire délivrer des extraits. Il faut auparavant que le Commiffaire de la Baftille foit informé de l'ufage que les familles veulent faire de ces actes.

Il y a dans ce Chateau de vaftes magazins que l'on appelle les dépôts. C'eft-là que l'on renferme les Livres faifis, ou dont le débit eft arrêté.

Lorfque le Commiffaire du Roi (Lieutenant de Police) ou un Miniftre entre dans le Château de la Baftille, la Garde fe préfente en haye à fon paffage, fait le falut, & les grandes portes s'ouvrent. Le même cérémonial s'obferve pour les Maréchaux de

(*) Quelques Prifonniers ont péri à la Baftille par des voïes fecrettes. mais ces Exemples font rares.

France. Ceux-ci peuvent feuls entrer dans le Château avec leur épée. Les Ducs & Pairs ont prétendu avoir droit à la même diftinction. Le *Mémoire des Préfidens à Mortier du Parlement de Paris* préfenté au Duc d'Orléans Régent du Royaume en 1717, en fait mention.

Il n'entre de voitures dans l'intérieur du Château que celles qui y conduifent des Prifonniers, ou qui en enlévent pour les transférer dans d'autres Châteaux ou Prifons.

M. de Renneville (*e*) détenu à la Baftille pendant onze ans & un mois, en fortit le 16 Juin 1713, & fe retira en Angleterre où

(*e*) René-Augufte Conftantin-de Renneville, le plus jeune de 12 Freres tous Militaires, dont fept avoient été tués dans des combats pour la Patrie, étoit né à Caën d'une Famille diftinguée originaire de la Province d'Anjou. Après avoir fervi en qualité d'Officier, il fut envoyé dans plufieurs Cours étrangeres pour négocier des Affaires importantes. De retour en France, il fut premier-Commis de M. de Chamillard. Des Ennemis fecrets parvinrent à le rendre fufpect, & il fut renfermé à la Baftille. Quoique l'on ne trouvât aucune charge contre lui, il fut cependant détenu pendant onze ans & un mois (depuis le 16 Mai 1702, jufqu'au 16 Juin 1713). Il affure qu'il ne put jamais découvrir les motifs de fa détention. A fon arrivée au Château, il fut renfermé dans la premiere chambre de la *Tour du Coin*, où *Henry de Montmorency Duc de Luxembourg*, les Maréchaux de *Biron*, & de *Baffompierre* avoient

il compofa deux Volumes intitulés, *l'Inquifition Françoife, ou Hiftoire de la Baftille*. Il
dédia fon livre au Roi d'Angleterre Georges
I. Ces 2 Volumes furent imprimés in 12 à
Amfterdam chez *Etienne Roger* en 1715, &
traduits en Anglois & en Flamand. Cet Ou-
vrage intèreffant eft devenu très rare. Il
contient l'Hiftoire des différens Prifonniers
que M. de Renneville eut occafion de connoitre, pendant le long féjour qu'il fit dans ce
Château. Les defcriptions qu'il donne des lieux
font conformes aux détails que l'on vient de lire: mais le régime de cette horrible inquifition
a changé depuis le commencement du Siecle.

ANECDOTES.

I. Charles de *Gontault Duc de Biron* Pair,
Amiral, & Maréchal de France, Gouverneur
de Breft, quoique comblé des faveurs d'Henry IV. traitâ avec les Ennemis de l'Etat (les
Efpagnols & le Duc de Savoye) qui le flat-
terent de lui donner en Souveraineté le Du-
ché de Bourgogne, & la Franche - Comté
pour dot d'une fille du Roi d'Efpagne ou du

été détenus. C'eft dans cette même chambre que
M. *le Maître-de Saci* mis à la Baftille le 14 Mai
1666 (où il fut détenu pendant 2 ans) avoit fait
la plus grande partie de la verfion de la Bible. M.
de Renneville cultivoit les belles-Lettres & la Poë-
fie. Son Hiftoire eft parfemée de fragmens que
les meilleurs Poëtes de fon tems ne défavoue-
roient pas.   B 6

Duc de Savoye qu'ils promettoient de lui donner en mariage. Henry IV. ayant découvert le complot en parla à Biron qui nia son crime avec obſtination. Le Parlement de Paris inſtruiſit ſon procez. Il ſe trouva convaincu du crime de haute trahiſon contre la Patrie & ſon Chef, & fut condamné par Arrêt du 29 Juillet 1602 à avoir la tête tranchée, ce qui fut exécuté le 31 du même mois dans la cour intérieure de la Baſtille. Les crocs de fer qui retenoient ſon échafaud, ſont encore dans les murs. Les choſes furent diſpoſées de maniere que de ſa chambre il y paſſa de plein pied. Il n'etoit âgé que de 40 ans. Son corps fut inhumé à la Paroiſſe de Saint Paul. Il y a des copies Manuſcrites du *Procès de Charles de Gontault Duc de Biron*, a la Bibliothèque Royale, à celles de Saint Germain-des Près, & de la Ville de Paris.

II. François de *Baſſompierre* Maréchal de France né le 2. Avril 1579, ſe ſignala toujours par ſa bonne conduite, & par ſon courage. Sa haute réputation faiſant ombrage au Cardinal de Richelieu, ce Miniſtre, le fit renfermer à la Baſtille le 25 Fevrier 1631. Baſſompierre ne recouvra ſa liberté que le 19. Janvier 1643, au bout de 12 ans, après la mort de ſon ennemi. Il compoſa ſes *Mémoires* dans ſa Priſon, & mourut en 1646.

III. En 1674, le bagage de *Louis* Cheva-

lier *de Rohan* Grand-Veneur de France ayant
été pris & fouillé dans une escarmouche à
l'armée, on y trouva des Lettres qui firent
soupçonner qu'il avoit fait un traité pour
livrer le Havre - de Grace aux Anglois. Il
fut arrêté & mis à la Bastille. Le Sieur de
la Tuanderie son entremetteur se cacha. Les
preuves n'étoient pas suffisantes. On nomma
une Commission pour instrumenter contre
l'accusé de trahison. La Tuanderie fut
découvert à Rouen : on alla pour l'arrêter ;
mais il fit feu sur les assaillans, & se fit tuer
sur la place. Des gens attachés au Chevalier de Rohan alloient tous les soirs autour
de la Bastille corner dans des porte-voix, *la
Tuanderie est mort, & n'a rien dit* ; ils ne
furent point entendus du Chevalier. Les
Commissaires ne pouvant rien tirer de lui,
lui dirent que ,, le Roi savoit tout, qu'ils
,, avoient des preuves, mais que l'on vou-
,, loit seulement son aveu, & *qu'ils étoient*
,, *autorisés à lui promettre sa grace, s'il décla-*
,, roit la vérité. '' Le Chevalier trop cré-
dule avoüa tout. Alors les perfides Commissaires changérent de langage. Ils lui dirent
que *pour la grace, ils ne pouvoient en répon-*
dre, mais qu'ils avoient seulement espérance de
l'obtenir & qu'ils alloient la solliciter. Ils s'en
mirent peu en peine, & condamnérent le
Chevalier à perdre la tête. On le conduisit
de plein pied à l'échafaud par une gallerie
dressée à la hauteur de la fenêtre de la Salle

d'armes de l'Arsenal qui donne sur la petite place, au bout de la Rüe des Tournelles. Il fût décollé le 27. Novembre 1674. Son Procez est à la Bibliot. Royale. On peut voir les Mém. du Marquis de Beauveau. Colog. 1688, p. 407.

IV. Les Jesuites du Collège de Clermont situé rüe Saint Jacques à Paris, ayant, cette même année (1674), invité le Roi Louis XIV. à honorer de sa présence une Tragédie que leurs écoliers devoient représenter, ce Prince s'y rendit. Ces habiles courtisans avoient eu soin d'insérer dans la piece plusieurs traits de flatterie dont le Monarque avide d'encens fut très satisfait. Lorsque le Recteur du Collège reconduisoit le Roi, un Seigneur de sa suite loua le succès de la Tragedie. Louis XIV. dit, ,, faut-il s'en éton- ,, ner, *c'est mon Collège?* " Les Jesuites ne laisserent pas tomber ce mot. La nuit même, ils firent graver en grandes lettres d'or sur un marbre noir, *Collegium Ludovici Magni*, & le substituérent à l'ancienne inscription qui étoit placée au dessous du nom de Jésus sur la porte principale du Collège (*Collegium Claromontanum Societatis Jesus*). Et le matin la nouvelle inscription fut mise à la place de l'ancienne. Un jeune Ecolier de qualité, âgé de 13 ans, témoin du zèle des R. P. fit les 2. vers suivans qu'il afficha le soir à la porte du Collège.

Abstulit hinc Jesum, posuitque insignia Regis
Impia gens: alium non colit illa Deum.

Les Jésuites ne manquerent pas de crier au

facrilége; l'Auteur enfant fut découvert, enlevé & enfermé à la Baſtille. L'implacable Société le fit condamner, *par grace*, à une priſon perpetuelle, & il fut transféré à la Citadelle de l'Isle ſainte Marguerite. Pluſieurs années après, il fut ramené à la Baſtille. En 1705, il étoit Priſonnier depuis 31. ans. Etant devenu héritier de toute ſa Famille qui poſſedoit de grands biens, le Jéſuite *Riquelet* alors Confeſſeur de la Baſtille, remontra à ſes confreres la néceſſité de rendre la liberté à ce Priſonnier. La pluye d'or qui avoit forcé la Tour de Danaé eut le même effet ſur le Château de la Baſtille. Les Jéſuites ſe firent un mérite auprès du Priſonnier de la protection qu'ils lui accorderent ; & cet homme conſidérable dont la Famille alloit s'éteindre ſans le ſecours de la Société ne manqua pas de lui donner des preuves étendues de ſa reconnoiſſance. (Préface de M. de Renneville, Tom. 1. Pag. 46—48.

V. Le fameux Priſonnier de la Baſtille connu ſous le nom de *l'Homme au masque de fer*, étoit dans la chambre dite la troiſième Bertaudiere. On ne lui refuſoit rien de tout ce qu'il demandoit, on lui faiſoit la plus grande chere, & le Gouverneur ne s'aſſeyoit jamais devant lui. On l'obligeoit de porter toujours un masque de fer, & il lui étoit déffendu ſous peine de la vie, de ſe faire connoitre. Ces circonſtances ont donné lieu

à diverses conjectures. L'Auteur des *Mémoires secrets pour servir à l'Histoire de Per-
se* prétend que le Comte de Vermandois Fils
naturel & bien-aimé de Louis XIV. & de
Madmoiselle de la Valliere, à peu près du
même âge que le Dauphin, mais d'un ca-
ractere fort opposé au sien, s'étoit oublié un
jour au point de lui donner un soufflet; que
cette action ayant éclaté, Louis XIV. l'en-
voya à l'Armée, & donna ordre à un confi-
dent intime de faire semer peu après son arrivée le bruit qu'il étoit attaqué de la peste,
afin d'éloigner tout le monde de lui, de le
faire ensuite passer pour mort, & tandis
qu'aux yeux de toute l'Armée on lui feroit
des obséques splendides, de le conduire en
grand secret à la Citadelle de l'Isle Sainte
Marguerite, ce qui fut exécuté; que le
Comte de Vermandois ne sortit de cette Citadelle que pour être transféré au Château
de la Bastille (en 1700), lorsque Louis XIV.
en donna le Gouvernement au Commandant
de cette Isle nommé *Saint Mars*, en recon-
noissance de sa fidelité. Le même Auteur
ajoûte, que le Comte de Vermandois s'avisa
un jour de graver son nom sur le fond d'une
assiette avec la pointe d'un couteau; qu'un
domestique ayant fait cette découverte, crut
faire sa cour en portant cette assiette au
Commandant, & se procurer une récompen-
se; mais que ce malheureux fut trompé; &
que l'on se défit de lui sur le champ, afin

d'empêcher que le secret fut divulgué. Quoique ces *Mémoires secrets* eussent été publiés
9. ans auparavant la premiere Edition de
l'Histoire du Siecle de Louis XIV. comme l'ob-
serve M. Clément, dans *Les cinq Années Lit-
téraires* (Lettre XCIX, du 1e. Mai 1752.
Tom. 2), M. de Voltaire a avancé que tous
les Historiens qui ont écrit avant lui,
ignoroient ce fait. Il le raconte un peu dif-
féremment, sans nommer le Comte de Vermandois. Il dit que le Marquis de Louvois
etant allé voir ce Prisonnier inconnu à
l'Isle Sainte Marguerite, lui parla toujours
debout, & avec une considération qui tenoit
du respect ; qu'il mourut en 1704. à la Bastille, & fut enterré la nuit à la Paroisse de
S. Paul. L'Auteur des Philippiques (M. de *la
Grange - Chancel*) dans sa *Lettre à M. Fréron,*
prétend que ce Prisonnier étoit le Duc de
Beaufort que l'on disoit avoir été tué au sié-
ge de Candie, & dont on ne put trouver le
corps. Il donne pour raison de la détention
de ce Duc, son esprit remuant, la part
qu'il avoit eu aux mouvemens de Paris du
tems de *la Fronde*, & son opposition, comme Amiral, aux desseins du Ministre Col-
bert chargé du département de la Marine.
M. *Poullain-de Saintfoy* combat toutes ces o-
pinions sur l'Homme au masque de fer. Il
recule encore l'époque de la détention de ce
Prisonnier à la Citadelle de l'Isle Sainte Marguerite fixée par M. de Voltaire à 1661.

par M. de la Grange - Chancel à 1669, &
par l'Auteur des *Mémoires Secrets* à la fin de
1683 : M. de Saintfoy affure que ce Prifonnier inconnu étoit *le Duc de Monmouth* Fils
de Charles II. Roi d'Angleterre, & de Lu-
cie Walters ; qu'il s'étoit formé un parti dans
le Comté de Dorfet où il avoit été procla-
mé Roi, qu'ayant attaqué l'Armée Royale il
fut défait, pris, & conduit à Londres, où
il fut renfermé à la Tour, & condamné à être
décapité le 15. Juillet 1685. M. de Saintfoy ajoûte que le bruit courut dans les tems
qu'un Officier de l'Armée du Duc de Monmouth qui lui reffembloit fingulierement,
fait Prifonnier avec lui, eut le courage de
mourir à fa place. Il cite *M. Hume*, & le
livre des *Amours de Charles II & Jacques II
Rois d'Angleterre* ; & il obferve, pour accré-
diter fon opinion, que Jacques II, pouvant
craindre quelque révolution qui rendît la liberté au Duc de Moumouth, penfa que quoi-
qu'il lui accordât la vie, il feroit fans inquié-
tude en le faifant paffer en France. Le Jé-
fuite Henry Griffet qui a été pendant long-
tems Confeffeur (*f*) des Prifonniers de la Ba-

____

(*f*) Les Jéfuites devenus Confeffeurs des Rois,
ne manquerent pas de placer un d'entre eux dans
le pofte de Confeffeur de la Baftille. Cette place
peu importante dans d'autres mains étoit dans les
leur un moyen de faire des découvertes qui en-
troient dans les vües profondes de leur politique
infernale. Auffi étoit-elle devenüe héréditaire
dans la Société.

ſtille, qui avoit feuilleté tous les papiers les plus ſecrets des Archives de ce Chateau & qui avoit ſans doute vû le Régiſtre mortuaire qui exiſte dans ce dépôt, a fait une *Diſ-ſertation* très ſolide ſur ce Problême Hiſtorique. Ce Jéſuite n'atteſte pas que *l'Homme au masque de fer* fut le *Comte de Vermandois*, mais il raſſemble bien des raiſons & des probabilités en faveur de cette opinion ; & il ſemble que ſur cette matiere le ſuffrage du P. Griffet doit être d'un grand poids.

VI. Le dépôt de la Baſtille contient pluſieurs maſſes de Papiers de feu M. *le Duc de Vendôme* (g) qui concernent ſon Hiſtoire, & celle des Guerres d'Eſpagne, d'Italie & de Flandres. Ces papiers furent ſaiſis ſur ſon Fils naturel qui étoit ſon légataire lequel étant ſoupçonné d'avoir compoſé la Brochu-

(g) Louis - Joſeph Duc de Vendôme, de Mercœur, d'Etampes & de Penthievre, Général des Galeres, Grand-Séneſchal, & Gouverneur de Provence, né le 30. Juillet 1654, fut Vice-Roi, & Généraliſſime des Armées de Catalogne & d'Eſpagne depuis 1685, juſqu'au commencement de ce Siecle. En 1702, il paſſa au commandement des Armées d'Italie où il battit le Prince Eugêne & les Impériaux, & en 1707, il fit la Campagne de Flandres : il retourna trois ans après en Eſpagne où il mourut à Vinaros le 11. Juin 1712. Cet homme célebre par ſes exploits militaires, qui avoit le Roi Henri IV. pour Biſayeul, ne laiſſa d'autre poſtérité qu'un fils naturel qu'il fit ſon légataire.

re intitulée *Les trois Maries* (les trois MAIL-
LYS), fut renfermé d'abord à la Bastille &
transféré dans la suite à Vincennes où il est
mort. Ces papiers sont dans un lieu humi-
de : Ils ne tarderont pas à être pourris ou
rongés par les vers : et la Postérité sera pri-
vée de ces matériaux précieux & uniques en
leur genre.

VII. Le Sieur *Vaillant* Prêtre vertueux,
mais pour son malheur Appellant de la trop
fameuse *Bulle*, fut détenu à la Bastille depuis 1728, jusqu'au 1731. Il y fut de nou-
veau renfermé en 1734. Des personnes li-
vrées à l'illusion ou séduites, débitérent
que ,, ce Prêtre étoit *le Prophête Elie* des-
,, cendu depuis peu sur la terre, qu'il étoit
,, à la Bastille, mais qu'il en sortiroit mi-
,, raculeusement, & seroit mis à mort.'' Les
partisans de cet Ecclésiastique furent nommés *Vaillantistes*. Les vexations que l'on
exerçoit contre lui, & ses austérités lui a-
voient échauffé l'imagination. Il crut quelque tems qu'il étoit effectivement le Prophête Elie. Il s'attendoit à se voir enlever
quelque jour dans un tourbillon de feu, &
il l'annonçoit bonnement aux Officiers de
l'Etat-Major. Le 26. Janvier 1739, le feu
prit à sa cheminée, il crut être au moment
de son enlèvement ; mais le feu s'éteignit,
& il demeura sous les verrouils, comme à
l'ordinaire. Alors il se crut obligé de déclarer très sérieusement par écrit au Sieur

Hérault Lieutenant de Police, que *lui* VAIL
LANT *n'étoit en aucun sens le Prophète Elie,*
qu'il ne le représentoit pas, & n'avoit même
aucune miſſion pour l'annoncer, agir, ni par
ler en ſon nom. La longue ſolitude avoit affoibli ſon esprit. Un Dimanche étant entré
dans la Chapelle pour entendre la Meſſe, il
s'empare des Ornemens, paſſe l'aube, met la
Chaſuble & commence la Meſſe. On appelle du ſecours; le Major vient, veut interrompre le Prêtre qui continue. Le Major s'oppoſe, le Prêtre réſiſte; & les deux
champions ſe prennent au collet. Cette ſcene priva pour toujours le Priſonnier d'aſſiſter à la Meſſe. Il fut transféré dans la ſuite à Vincennes où il eſt mort.

VIII. Le *Comte de Lally* a été près de 3.
ans à la Baſtille. Il étoit d'un tempérament
violent. Un de ſes propos favoris étoit
„ qu'il ne connoiſſoit point de plaiſir plus
„ doux que celui de la vengeance, que c'é
„ toit vraiment le plaiſir des Dieux. ” Il
diſoit, *le Parlement me jugera ſuivant toute*
la rigueur des Loix, mais le Roi me fera gra
ce, & commuera la peine.

On lui avoit permis d'avoir avec lui un
Secrétaire. Il le harceloit par ſes duretés
continuelles. Un jour ce Secrétaire ayant
apperçu dans la grande cour un amas de Sang
caillé provenu d'une ſaignée de malade qu'un
valet avoit jetté par inconſidération, il fut
ſaiſi d'éffroi, ſe crut prêt d'être ſupplicié;

la tête lui tourna. Il fut transféré à Cha-
renton.

Le Major de la Bastille eut ordre de conduire le Comte de Lally au Palais pour le
dernier interrogatoire. M. le Premier Pré-
sident vouloit que cet Officier lui ôtât le
cordon de l'Ordre, & les marques de ses di-
gnités. Il refusa, & les Huissiers le firent. Le
Comte de Lally reconduit à la Bastille, les
promenades & les visites lui furent interdi-
tes. Les Officiers se relevoient pour lui te-
nir compagnie. Son Arrêt ne fut exécuté
que 3 ou 4 jours après qu'il eût été pronon-
cé. Pendant ce tems, ses parents se prome-
noient en voiture du côté de la porte Saint
Antoine & faisoient devant sa fenêtre la dé-
monstration de se couper le cou. Tous leurs
signaux furent inutiles, le Prisonnier concen-
tré en lui même, ne jetta point les yeux de
ce côté, & laissa tout à faire au Bourreau
qu'il eût prévenu certainement. Le Major
fut chargé de le ramener à la Conciergerie,
& de passer dans sa chambre la nuit d'horreur qui précéda son exécution. Il s'y re-
concilia avec cet Officier qu'il avoit pris en
haine. Le lendemain M. Pasquier Conseil-
ler au Parlement lui dit, *le Roi est plein de
bonté, il vous fera sûrement grace, si vous dé-
clarés ce que vous savés sur vos deux complices,
&c.* Lally entra en fureur, traita M. Pasquier de perfide, lui prodigua les injures les
plus grossieres, proféra avec emportement les

imprécations & les blasphêmes les plus horribles. Le Magiſtrat ordonna qu'ou lui mît
un baillon à la bouche. Peu après le Confeſſeur parut, on lui ôta le baillon. Il fit
ſemblant de ſe recueillir, tira une pointe de
compas qu'il s'étoit ménagée, & s'appuya
fortement deſſus, voulant ſe détruire. On
s'en apperçut, & on le déſarma. Il dit,
F..... j'ai manqué mon coup. Le Chirurgien trouva la bleſſure très légere. Enfin le
patient ſe calma, & ſe confeſſa. Il fut exécuté le   Mai 1766.

La Famille du Comte de Lally avoit fait
le relevé de toutes les circonſtances de l'exécution du Duc de Biron, elle en ſollicita
inutilement la répétition. Cette Famille fut
moins empreſſée à ſauver la perſonne du cou-
pable, qu'à recouvrer les ſommes immenſes
qu'il avoit fait paſſer en Angleterre.

M. de Voltaire a donné recemment des *Fragmens ſur l'Inde*, où il évoque à ſon tribunal
le Procès du Comte de Lally, pour reviſer
l'Arrêt qui l'a condamné. On voit avec un
mépris mêlé d'indignation, que ce vieillard qui
ſe vante d'aimer le vrai par deſſus tout, &
qui ſe donne, comme ayant vû les Mémoires les plus circonſtanciés, les Informations les
plus ſecrettes du Procez, ne fait qu'éffleu-
rer les moyens de juſtification propoſés dans
les Memoires ſeuls de la Partie condamnée.
Cela ſuffit à M. de Voltaire pour déclamer
contre le Parlement de Paris, pour lui re-

procher à tort & à travers des miseres de deux cents ans, jusqu'à l'*Arrêt en faveur d'Aristote*; sans qu'il ait eu le bon sens de se dire à lui même que toutes les ames honnêtes seroient soulevées de cette méchanceté basse, qui profite de la circonstance où les membres de cette Compagnie victimes de leur zèle pour la Nation sont dispersés en éxil, pour leur insulter sans pudeur. C'est bien là le coup de pied de l'âne, suivant la remarque de la *Gazette Littéraire de l'Europe* Année 1773.

F I N.

www.ingramcontent.com/pod-product-compliance
Lightning Source LLC
LaVergne TN
LVHW021823170726
843503LV00007B/3326